Beaux Arts.

Lithographies

DES

TABLEAUX

Acquis par la Société des Amis des Arts de Cambrai,

ET

EXAMEN CRITIQUE

De l'Exposition de 1826.

LITHOGRAPHIES, PAR M. SAINT-AUBERT.
BEAUX ARTS, PAR M. E.
INDUSTRIE, PAR MM. ***.

A CAMBRAI,

CHEZ A. F. HUREZ, IMPRIMEUR-LIBRAIRE,
GRANDE PLACE, N° 76.

1827.

EXAMEN CRITIQUE

DE

l'Exposition de 1826.

1er Article.

Un évènement remarquable se passe à Cambrai, à peine est-il signalé dans les feuilles publiques : depuis quinze jours, le salon d'exposition d'objets d'arts et d'industrie est ouvert et fréquenté par une foule nombreuse, sans qu'aucun Aristarque ait pris la plume pour rendre compte de ce qu'il renferme. D'où vient donc un tel silence ? certes, ce n'est pas mépris de la part de nos gens de lettres, ni indifférence des artistes et amateurs, puisque les plus distingués d'entr'eux ont pris une part, plus ou moins active, à cette exposition. Ne trouvant pas le mot de l'énigme, et persuadé qu'il n'est pas tout à fait inutile de consigner quelques observations sur une chose aussi extraordinaire, je me hasarde à faire part des miennes à vos abonnés.

Je viens de qualifier *d'évènement remarquable, de chose extraordinaire*, l'exposition dont nous jouissons en ce moment ; je pense que bien des personnes sont de mon avis ; tous ceux qui connaissent le peu de flexibilité de caractère et l'indolence communs à nos compatriotes, doivent s'étonner qu'on ait pu s'entendre assez pour parvenir à en avoir une. L'utilité d'une telle entreprise était sentie de tous : l'émulation, et l'amour du travail, que fait naître dans les cœurs la pratique des beaux arts, sont des moyens puissants pour arriver plutôt au perfectionnement de la civilisation ; cette vérité reconnue, personne ne niait qu'il fallait exciter cette émulation chez nos compatriotes, qui déjà ont l'amour du travail ; mais personne ne faisait un pas pour arriver au but.

Un jour, cependant, un de nos jeunes concitoyens, distingué par son patriotisme, M. Adolphe Fliniaux, avocat, élève la voix ; aussitôt, les vrais amis des arts se rangent sous la bannière que le premier il avait arborée : les plus actifs se mettent à l'ouvrage, bientôt, par leurs soins, une société se forme sous le nom de Société des Amis des Arts : l'administration municipale alloue des fonds à cette société pour l'aider à conduire l'œuvre à bonne fin : un réglement est adopté par la société : une commission est nommée en vertu de ce réglement.

Tout semble concorder à la réussite d'un aussi heureux projet, lorsque de certaines gens, qu'on rencontre toujours où l'on ne les cherche pas, viennent troubler une si belle harmonie par des conseils ou des ordres intempestifs. Il est présumable que ces bonnes ames ont fait entendre à l'autorité que la société, faisant l'exposition en son nom, empiétait sur les droits du pouvoir ; que, bien qu'elle n'ait élu pour administrateurs que des personnes très-recommandables et d'une conduite irréprochable, il en pouvait résulter des admissions de tableaux ou de statues peut-être scandaleuses, peut-être même séditieuses ; que le mode établi par le réglement déjà en vigueur, pour élire les administrateurs était vicieux en ce qu'il participait trop de la liberté qui doit régner dans la république des beaux arts ; qu'il serait trop dangereux que l'autorité se dépouillât des nobles formes acerbes du despotisme sous lequel il est fort utile pour la chose publique de façonner la présente génération.

Ces hautes considérations, et mille autres peut-être, toutes puisées dans la bienfaisante politique des Loyolistes, ébranlèrent l'autorité qui, naguère, en cédant à ses sentimens particuliers, avait sanctionné, confidentiellement il est vrai, le réglement qui lui avait été soumis : bientôt, n'écoutant plus que l'impulsion qui lui était donnée sans doute de plus haut, elle fit connaître, dans une assemblée des sociétaires, qu'à elle seule appartenait le droit de faire ou de ne pas faire une exposition et de nommer des commissaires pour la remplacer et exécuter les dispositions qu'il lui plairait prendre à ce sujet. Vainement les sociétaires, atterrés par ce contre-temps, lui objectèrent-ils sa primitive approbation et les travaux commencés en conséquence ; vainement lui offrirent-ils les droits de nommer une commission de surveillance qui s'adjoindrait aux opérations de la commission nommée par la société ; l'autorité resta inébranlable dans les prétentions qui lui avaient été probablement suggérées.

Les sociétaires désappointés, mécontents d'un aussi triste commencement, se séparèrent ; quelques-uns même envoyèrent une démission définitive.

Cependant l'autorité, mieux éclairée, se décida à faire quelques concessions que lui dictèrent ses bonnes intentions pour l'exposition ; sa complaisance ramena vers elle la plupart des sociétaires.

On disposa la bibliothèque pour recevoir les productions des artistes et des industriels ; et, par le zèle que déployèrent à l'envi l'un de l'autre M. le Maire et MM. les membres des deux commissions réunies, on parvint à rassembler dans ce vaste local près de 350 tableaux et bon nombre d'objets d'arts et d'industrie, ce qui, je le répète, est un spectacle fort extraordinaire pour notre ville et très-intéressant pour les amateurs qui ont pu y trouver quelques bons modèles.

Effrayé de la susceptibilité excessive que je remarque depuis quelque temps chez quelques-uns de mes compatriotes lorsqu'il s'agit d'amour-propre, et ne voulant me brouiller avec personne, je dois prévenir MM. les artistes que je ne désignerai pas, et ceux dont je critiquerai les ouvrages, qu'ils doivent attacher peu d'importance à mes jugemens qui sont loin d'être infaillibles; je ne suis ni dessinateur, ni peintre, ni statuaire; j'ai seulement, pour me guider dans l'examen que je me propose de faire, de simples notions théoriques puisées auprès des artistes dont ma jeunesse a été entourée et l'habitude de voir les immortels chefs-d'œuvre des arts qui, pendant un temps, ont été le prix des glorieux travaux de nos armées.

Cette habitude a pu, il est vrai, créer dans mes idées quelques points de comparaison assez justes; c'est avec ce léger bagage de connaissances que j'entre en campagne.

J'arrive à la porte du salon : ce n'est pas la première fois; mais, avide d'admirer, je ne sais par où commencer; cependant mon incertitude cesse : par civisme et par politesse j'irai d'abord visiter les tableaux de nos compatriotes. Je n'y vois que des copies!.. Cependant *distinguo*, M. Saint-Aubert offre à ma vue six paysages de sa composition; tous ne sont pas d'un mérite égal, mais deux sont remarquables par un coloris pur, un ciel doux et léger; ils portent les N° 263 et 264; deux autres, sous les N° 261 et 270 donnent bien l'idée, surtout le premier, du ciel brûlant d'Italie; il est même trop chaud : il est fâcheux que les personnages du second, par leur allure lourde, rappèlent trop la manière de *Teniers;* les Italiens sont moins épais : les deux derniers ne semblent pas sortir du même pinceau; la teinte du N° 269 est grise et sèche; les accidens du N° 271 mal liés, mal combinés!... sauf celui-ci, l'ordonnance de toutes les compositions de M. Saint-Aubert est jolie; le faire facile de leur auteur promet un artiste distingué, si ce jeune peintre persiste à travailler et suit de bons modèles. Plusieurs autres tableaux augmentent par leur coloris l'espoir qu'on peut fonder sur son talent; entr'autres, un tableau de fruits, N° 267, qui se fait remarquer par un tapis admirablement travaillé; et, sous le N° 262, on voit une perdrix qui fait illusion; on sent l'air qui circule sous ses plumes renversées : pourquoi, en la peignant, M. Saint-Aubert n'a-t-il pas songé à supprimer le ridicule poisson informe et hors de toute proportion, placé, à propos de rien, sur le premier plan ?..... Mais laissons tous les petits cadres qui malheureusement ne sont que des copies et passons, s'il est possible, à d'autres compositions *du terroir.* En voici, bien; mais hélas !...

Après cette triste réflexion, je me retourne et je rencontre un de mes amis, négociant, amateur exposant : je lui reproche vivement de n'avoir pas tenu la promesse qu'il avait faite d'offrir à nos regards un sujet de l'histoire actuelle de la Grèce, et deux aquarelles, dont une allégorique, pieuse et sentimentale, et l'autre, le portrait de Mademoiselle C. R., qui, sous son joli berret bleu et appuyée sur sa harpe, aurait fixé l'admiration de tous les spectateurs par sa charmante figure et son gracieux maintien, si elle avait été peinte ressemblant; mon insouciant ami me répond : « Ma foi, mon » cher, mon usine avant tout; nous autres négocians, nous ne pouvons guère donner » de temps aux beaux arts; c'est ce qui fait que vous voyez si peu de compositions de » nos concitoyens: je n'ai mis ici que les mignatures que vous connaissez. » — Quel effort! trois seulement sont d'après nature et la plus nouvelle production est de 1821 : je le quittais bien vîte pour ne pas me fâcher.

Ne voyant plus rien à renfermer dans cette cathégorie, je prends le parti *d'examiner les choix de la commission de la Société des Amis des Arts.*

Sans contredit, la mort de Mazet, N° 282 de M. Serrur, est le plus beau choix qu'ait fait la société. Mazet exhale son dernier soupir; son ami veut se précipiter sur lui, l'embrasser une dernière fois; il est retenu par un de ses confrères, pendant que le troisième tient le bras de l'infortuné Mazet et semble suivre douloureusement les pulsations qui échappent à ses doigts agités. Une sœur de Sainte-Camille est près de ce dernier ; elle tient encore le breuvage offert à Mazet; une autre sœur, à genoux au pied du lit, invoque l'Éternel pour cette malheureuse victime d'un si beau dévouement. Un groupe d'Espagnols des deux sexes déplore la perte du jeune savant que déjà ils regardaient comme un libérateur.

Cette scène déchirante est bien rendue; la chaîne d'action est bien liée; la touche en est vigoureuse et douce; on lit, sur chaque figure, l'expression que le peintre a voulu rendre; en un mot, ce tableau est celui de la galerie qui donne le plus d'idées; combien ne s'énorgueillit-on pas, en le voyant, d'être le compatriote de ces généreux citoyens qui, par philanthropie, par amour pour la science, affrontent les plus grands dangers; combien ne se réjouit-on pas d'être né hors de ce pays soumis aux plus grands fléaux qui puissent peser sur les humains : la peste, le despotisme et l'inquisition!... En voyant cet espagnol enveloppé dans un large manteau, mon imagination quitte un instant cette scène de deuil qui nous retrace un héroïque sacrifice et se transporte à Valence; là, j'entends encore les cris du malheureux Juif que des tigres enroqués, entourés d'assassins, ont fait expirer dans les flammes ces jours derniers!..... O doux ciel de France! O Charte immortelle! Oh vénérables magistrats, dignes organes de la justice humaine! Combien je suis heureux de jouir de vos bienfaits immenses!....

Mais, revenons à la belle composition qui nous occupe, et qui, si j'en crois ses nombreux spectateurs, n'est pas sans défauts.

Près de moi, un homme respectable, sur la poitrine duquel brille l'étoile du mérite et qui laisse lire dans ses yeux le feu du génie, reproche à l'auteur d'avoir pris son sujet cinq minutes trop tard; en effet, Mazet moins mort, exprimant par ses derniers regards le regret de quitter ses amis avant d'avoir rempli sa mission, eut été plus intéressant encore. Il est le principal, même l'unique objet du tableau; l'attention le néglige pour les autres personnages qui sont seulement accessoires.

Plus loin, un docteur broussiste, qui se connaît en fièvres, ou plutôt qui les méconnaît, observe que le corps de Mazet est d'une teinte trop livide, trop putride.

D'un autre côté, un jeune pharmacien qui a voyagé sur les derrières de nos armées en 1821 dans la Catalogue et à Valence et qui n'a pas borné ses observations à une seule espèce de visage, assure que le peintre a donné aux catalannes le costume des Valenciennes.

Une jeune demoiselle, dont les larmes attestent la sensibilité, accuse la sœur de Sainte-Camille qui est debout, d'une impassibilité de garde malade, impardonnable pour la circonstance, et trouve mauvais qu'on ait placé un quinquet tout juste au dessus du lit; ce qui a dû bien nuire au repos de l'être souffrant qui vient de quitter la vie.

Un clerc d'avoué, qui se connaît en dessin, pense qu'en général la lumière est bien répandue, mais que le manteau du catalan qui se trouve en plein sous le rayon lumineux du quinquet est trop assombri.

J'écoute encore et je n'entends plus que des éloges, des désirs et des espérances; tous ceux qui m'entourent sont actionnaires.

Après le tableau que je quitte, celui qui réunit le plus de suffrages et qui en mérite presque autant, c'est la mort d'une jeune orpheline.

On ne peut reprocher à M. Pingret d'avoir pris son sujet trop tard; l'orpheline était seule, sans parens, sans projets, sans ambition; ses yeux n'auraient exprimé que la souffrance. L'on doit le féliciter d'avoir mis plus d'unité dans les sentimens qui animent ses personnages.

L'ame pure de la jeune vierge s'envole presque sans regret; le vermillon des joues et des lèvres cède insensiblement à la pâleur de la mort qui s'étend graduellement sur les chairs sans offrir rien de livide, rien d'odieux.

La respectable sœur qui assiste dans ses derniers momens la jeune orpheline, laisse voir sur sa vénérable figure l'impression que lui causent ses pénibles fonctions.

D'autres jeunes orphelines sont tout entières à la douleur qu'inspire un si terrible moment; une surtout a tant pleuré, tant pleuré, que ses yeux sont tout gonflés.

Les costumes sont exacts et bien drapés, le linge surtout est d'une mollesse à s'y méprendre; la lumière, sans reproche, et l'enchaînement parfait.

Si ce n'était l'intérêt historique, je préférerais celui-ci au premier.

Après les deux tableaux que je viens de décrire il est difficile d'admirer les autres;

cependant quelques-uns sont d'un mérite égal, quant à l'exécution ; mais bien moins attrayants : les premiers parlent fortement à l'ame, font entrer dans la toile qui les représentent, tandis que les autres laissent en dehors ; au surplus, cet inconvénient n'est pas fâcheux pour le spectateur dont toutes les sensations seraient usées.

Pour calmer l'émotion que m'ont fait éprouver Mazet et la jeune orpheline, reposons-nous près du charmant hiver de M. de Noter, N° 206 ; il est d'un fini précieux : l'if posé en avant fait une heureuse opposition avec les neiges et les frimats qui couvrent toute la campagne. Sur tous les paysages choisis par la société, je crois que celui-ci mérite la palme.

M. Ducorron qui se présente avec son moulin à eau, N° 114, pourrait bien vouloir la lui revendiquer ; mais, pour arrêter ses prétentions je lui dirai : tâchez de donner une marche certaine à vos eaux, elles sortent de je ne sais où et elles ne feront jamais tourner votre moulin dont les roues semblent placées en travers du ruisseau. Détachez les personnages que vous avez mis devant la porte de votre cabane et qui me font l'effet de bons hommes crayonnés sur le mur ; après nous verrons ; du reste, votre paysage est bien, l'air circule partout avec facilité.

Pour M. Saint-Aubert, je lui ai dit son fait dans mon premier article, je n'y ajouterai rien, sinon que je suis content de l'hommage rendu à son mérite par la Société qui a choisi ses deux paysages, N° 263 et 264 ; mais que je suis fâché qu'il ait laissé dans ce dernier tableau, de vigoureux rayons lumineux derrière la barrière en planche du premier plan, sous le pont et à la pointe de l'île formée par sa fabrique.

Deux petits bijoux, en fait de paysages, viennent à leur tour réclamer l'attention ; le premier de M. Hellemans, N° 145, représente le château de Walsin bâti sur une haute roche ; la transparence des eaux, qui reflètent les fabriques du fond, est bien ; les arbres ne ressemblent pas trop à du persil ; mais le berger, mais les moutons que font-ils là ? eux exceptés, tout est joli. Le second, de M. Leroy de Liancourt, N° 173, n'a pas de taches ; on n'y devine pas l'heure, mais il est chaud, l'entente en est gracieuse.

Si la Société des Amis des Arts tenait à avoir une marine, j'ai vu dans le salon certaines pêcheuses de Dunkerque qui auraient remplacé avec avantage la marchande de poissons de M. Beaume, N° 16 ; certes, si j'avais eu l'honneur de faire partie de la commission, ce tableau n'aurait pas eu ma voix : la mer, qui, je crois, doit jouer un certain rôle dans les tableaux de ce genre, est ici tout-à-fait manquée ; elle ne représente rien : la plupart des personnages ont le visage flou : on me dit que l'animal boiteux qui flaire le poisson est un chien, je tâcherai de me le persuader.

Parlerais-je de la gouache de M. Robaut ? Sans doute, puisque c'est un paysage choisi par la Société. Qu'en dire ? qu'elle porte le N° 246.

Entrons dans les intérieurs ; j'aperçois une jeune dame, mal assise, près d'une fenêtre, sur un coussin mal posé sur une tablette sans surface ; elle a l'air un peu prude, elle paraît émue ; enfant, musique, broderie, tout paraît abandonné pour un roman ; est-ce madame de Genlis qui captive son attention ? Non le roman est nouveau et la vieille comtesse n'a plus que des souvenirs ; est-ce Victor Ducange ? Oh fi ! une jeune dame un peu prude, si décemment vêtue, voudrait-elle que cet auteur salit son imagination et les mœurs ! c'est donc l'œuvre secrète et sentimentale de quelque duchesse ? probablement ; un grand nom, dont on laisse entrevoir l'incognito, est d'un puissant secours pour rendre intéressant un ouvrage et lui donner une brillante réputation, témoins : Ourika, Édouard, Olivier, etc., etc., etc.

Pour ne pas interrompre la liseuse, je dirai tout bas à sa petite demoiselle, qui me paraît assez espiègle pour me comprendre, de conseiller à sa maman de changer de tapissiers : les meubles sont lourds et les rideaux *horriblement* drapés ; et de dire à mademoiselle Eugénie Pénavère qu'elle connaît bien, de donner à ses tableaux un jour plus clair, plus franc, moins violet, dut-elle y sacrifier la perfection des jouets d'enfans mis au premier plan de celui-ci qui porte le N° 220.

J'aime les dames, je l'avoue : en quittant la gentille liseuse et mademoiselle Eugénie Pénavère, qui m'a fait faire connaissance avec elle, je cours féliciter mademoiselle Jenny Legrand du dessous de porte rustique sous lequel elle a rassemblé, avec talent, des fruits, des légumes, des ustensiles, des poulets, des poussins ; tout cela, bien détaillé, bien disposé, fait plaisir à voir ; mais l'air piteux et mendiant de la paysanne assise, fait une désagréable diversion avec les grâces naïves de la petite fille qui porte des pommes dans son tablier troué, d'autant plus, qu'au sein de l'abondance rien ne devrait la contrister.

Je passe dans la cour du N° 156. Je vois une misérable cabane dont le toit délabré m'étonne par sa perfection ; les tuiles détachées laissent un vide qui fait illusion ; l'ombre de la corniche qui est à ma droite est trop prolongée ; c'est dommage, car le reste est bien éclairé. Au surplus, les détails de la cour sont peu satisfaisants. M. Laurencel n'aurait pas dû élever, près de la cabane, un grand toit d'ardoise trop urbain, qui fait une opposition choquante.

Descendrais-je dans la chapelle souterraine de M. Berlot, au N° 25 ? La lumière projetée sur l'escalier fait bon effet, mais j'aperçois, derrière un gros pilier : une fenêtre qui en fait un mauvais ; le jour franc qu'elle laisse entrer horizontalement, m'ôte l'idée de souterrain ; et puis le moine qui est maintenant à genou a tellement le bras long que j'ai peur, si au moindre bruit il se lève, de me voir *empoigné* par lui. Passons notre chemin ;

Car, j'ai toujours été nourri par feu mon père
Dans la crainte de Dieu,..........

et des moines.

Encore trois tableaux de genre et deux gravures ; les choix de la société seront complets.

L'un d'eux, sous le N° 169, peint par M. Leprince et classé par erreur de MM. les commissaires dans le rang des intérieurs, représente un marchand de chansons aveugle. A cette forte encolure, à cette démarche fière, à ces grosses moustaches blondes, je crois reconnaître un *de ces vieux grognards* qui, après avoir étonné l'univers de sa vaillance et fait trembler les ennemis de son souverain, cherche à gagner sa vie et à amuser ses compatriotes en leur vendant des chansons. Comme ce vieillard à longue barbe, cette vieille femme et cette jeune fille sont attentifs ! Quel air ce pauvre aveugle racle-t-il sur son mauvais violon, et que chante cette petite bambine qui l'accompagne ? une chanson de Béranger, le vieux Sergent, écoutez ce couplet.....

» De quel éclat brillaient dans la bataille,
» Ces habits bleus par la victoire usés !
» La liberté mêlait à la mitraille
» Des fers rompus et des sceptres brisés.
» Les nations, reines par nos conquêtes,
» Ceignaient de fleurs le front de nos soldats.
» Heureux celui qui mourut dans ces fêtes !
» Dieu, mes enfans, vous donne un beau trépas.

Ne remarquons pas que ce vieillard à longue barbe est assis sur une pierre qui barre la porte de la maison et qui ne peut passer ni pour une marche, ni pour une borne ; oublions que la perspective et tous les accessoires sont détestables : les personnages sont si bien faits, si bien dans leur état ; l'expression de leur physionomie est si vraie, leur maintien si naturel, que je félicite d'avance celui à qui échéra ce tableau.

Voici les deux petits mendians de M. Pinchon, N° 229, que MM. les commissaires ont trouvés charmants, à ce que l'on m'a dit. Ils sont en effet bien saillants et naturels, mais ils sont seuls ; leurs bêtes sont mauvaises et les entours tout-à-fait disproportionnés ; et celui qui est debout a une loupe au bas de la joue droite ; j'aurais préféré leur sœur la petite auvergnate qui ramasse du bois, N° 230.

Un beau bouquet de fleurs, dans un joli vase sur une table de marbre, N° 146, décèle chez M. Jaccober, un grand talent d'imitation ; on peut prendre le papillon jaune qui vient de s'y poser.

Le Tasse et sa sœur, N° 110 ; madame de la Vallière et madame de Thémine au couvent de Chaillot, N° 112, gravées par M. Pauquet d'après M. Ducis, trop connues pour être décrites, formeront chacune un petit lot qui ne sera pas sans mérite.

J'ai passé en revue, dans cet article, dix-neuf tableaux choisis et achetés par la Société des Amis des Arts. Un tableau d'histoire, quatre tableaux de genre, six paysages, une marine, quatre intérieurs et deux gravures forment son cabinet. En général, ces choix font preuve en faveur du bon goût de MM. les commissaires et satisferont sans doute ceux que la fortune favorisera dans le tirage au sort.

Dans un prochain article, je m'occuperai particulièrement des tableaux qui auront été *justiciés* ou *graciés* d'une médaille ou d'une mention ; en même-temps, je regarderai quelques-uns de ceux qui, négligés par les juges de la lice, auraient pu, à mon avis, être moins maltraités.

E.

2.ᵐᵉ Article.

Les membres du Conseil municipal ont pris 200 actions! un tel vote n'attirera que les éloges des Cambrésiens amis de leur pays qui voient avec plaisir des velléités patriotiques aux représentans qu'on leur impose.

Avant d'entrer en matière, je dois payer une dette aux critiques de mes observations qui ont trouvé inconvenant que j'aie

« *Renoncé à ce ton pédagogue et magistral avec lequel ils* (tous nos confrères les libel-
» listes, feuillistes, journalistes, etc.) *gourmandent les fils d'Apollon et font rire la*
» *sottise aux dépens de l'esprit.* »

Et cela pour prendre un style qu'ils nomment trivial, qui l'est peut-être en effet et que j'avoue m'être naturel.

Le style, c'est l'homme. Me voilà donc peint, lecteur; si vous me rencontrez, vous me reconnaîtrez.

Le journal qui m'a si bien désigné s'abstient de publier une lettre *spirituelle et mordante* qui rétorquait *mes jugemens erronés*, parce que *les justes observations* qu'elle contient *ne sont pas exprimées*, PEUT-ÊTRE, *avec assez de modération*.....

« *Exemple rare et frappant*, dit Beaumarchais, *dans un siècle d'ergotisme où l'on*
» *calcule jusqu'au rire, où la plus légère diversité d'opinions fait germer des haines éternelles;*
» *où tous les jeux tournent en guerre; où l'injure qui repousse l'injure est à son tour*
» *payée par l'injure, jusqu'à ce qu'une autre, effaçant cette dernière, en enfante une*
» *nouvelle auteur de plusieurs autres, et propage ainsi l'aigreur à l'infini depuis le rire jusqu'à*
» *la satiété, jusqu'au dégoût, à l'indignation même du lecteur le plus caustique.* »

Pénétré d'un aussi grand exemple de générosité, je me rends et l'imite; de plus, je jure sur les mânes de Fréron et de Geoffroy, ces pères immortels de la critique feuilletonnaire, auprès desquels mes adversaires et moi ne serons jamais que de très-chétifs avortons, je jure, dis-je, de ne plus reprendre la balle ni au vol ni au bond, de la laisser se perdre dans les champs de chardons qui bornent la lice où nous combattons; en un mot, de ne jamais répondre aux attaques qu'on prendra la peine de diriger contre moi.

Ce devoir rempli, je reviens à nos tableaux. MM. les commissaires de la Société n'ont pas mis autant de soin, où fait preuve d'autant de goût, dans leurs nouvelles acquisitions que dans les premières: cependant, la matière ne leur manquait pas encore pour offrir à leurs commettans les fruits d'un meilleur travail.

En première ligne, se trouvent placés *Vénus et Vulcain* de M. Momal, N° 194.

C'est déjà trop d'en parler une fois dans mon troisième article, je le noterai ici pour mémoire.

Encore pour mémoire : un tableau de M. Renoux, N° 249, *Vue du palais de justice.* Les mêmes motifs ne me font pas garder le silence, seulement je veux éviter les répétitions ; voyez mon troisième article.

Quel sot mendiant, quel vilain singe aura celui à qui le sort donnera le tableau de M. Massé, N° 200. Un de mes amis, jeune légiste, dont la solide instruction n'a pas affaibli le goût ni l'indulgence, juste appréciateur des travaux immenses qu'il faut à un homme pour réussir à quelque chose, et sachant, sans en avoir fait la triste expérience, que souvent, après avoir beaucoup travaillé, on ne réussit à rien, me blâmait fortement de ce que j'exigeais qu'un peintre de genre soignât sa perspective : chacun son genre, me disait-il, chacun son genre. J'étais prêt à céder à sa douce théorie, mais l'œuvre de M. Massé, m'a ramené malgré moi à l'inflexibilité de Diderot qui a dit quelque part de la critique, en lui appliquant deux vers de Malherbe : *tout est soumis à sa loi*,

» Et la garde qui veille aux barrières du Louvre
» N'en défend pas nos rois. »

En effet, peut-on être indulgent en voyant, dans le tableau dont je parle, que le mendiant n'inspire aucune pitié ; son singe aucune curiosité ; et que rien dans les proportions, dans la lumière, dans la perspective ne se rapproche de la vérité ?

Les fleurs de madame Hellemans, N° 142, ont un coloris agréable, mais faux ; son bouquet est mal disposé et ne ressort pas ; les fleurs sont d'un mauvais choix : sans prendre *des monstres* de beauté pour modèle, elle aurait pu offrir une tulipe mieux faite, de l'aubépine moins rouge et de plus jolies roses.

Encore un mauvais tableau : intérieur de village, N° 302, un coloris blafard, une touche molle ; un cheval, quel cheval !.... il est indescriptible ; la composition cependant est passable.

Madame de Caigny a du talent pour les fabriques : son bâtiment, qu'elle nomme antique, N° 48, le prouve : mais elle pêche dans le paysage et dans les personnages ; ces derniers sont hideux et le premier est nul : faut-il encore répéter, mauvais tableau ?

Voici venir des consolations : d'abord le paysage de M. Dejonghe, N° 39, dont je parle dans mon troisième article, et puis un calme de M. Verboeckhoven, N° 312, qui fait une opposition des plus agréables à son naufrage ; le ciel est tranquille, une brise légère effleure à peine l'eau qui reflète avec liberté le pavillon tricolor des Flamands ; les voiles, qu'on aperçoit encore au fond, vont bientôt se perdre sous l'horizon ; un homme descend d'un môle par le moyen d'une échelle et retourne aux filets qu'il a laissés dans sa barque pavoisée ; tout ressort bien des eaux et se colore du reflet d'un beau jour.

Que vient faire ici l'acrobate Icare, N° 85 ; n'est-ce pas assez qu'il prenne rang dans mon troisième article ?

Une gravure parfaitement exécutée par M. Toussaint Caron, d'après un tableau de feu Prud'hon, augmente les richesses de la Société des Amis des Arts.

Cette excellente production intéresse d'autant plus

» ..... Que dans un temps si funeste au devoir.
» Où rien n'enrichit mieux que le crime et le vice,
» La pauvreté, souvent est un heureux indice. »

Il s'agit de *la famille indigente* : qui ne s'intéresserait pas au malheur de ce père de famille, encore jeune, accablé par la maladie et la misère ; à la douleur de sa femme, de ses enfans ; aux soins dont il est l'objet on peut juger de sa belle ame. Aucune pensée coupable ne peut lui être reprochée, d'où vient son isolement ? il est pauvre et souffrant, c'en est trop pour que notre égoïsme, déguisé du nom *de sensibilité exquise*, nous permette de le secourir et le consoler ; nos sensations en seraient trop douloureusement affectées, et surtout notre bourse diminuée....

A propos des nouveaux choix de MM. les commissaires, l'un d'eux me dit ce matin : » Heureusement que l'exposition va finir car les brioches commencent. « Trop juste pour le démentir sur ce point qui est généralement vrai, je rendrai, cependant, un légitime hommage à ceux qui ont coopéré à la réussite de notre exposition : tous ont déployé le zèle le plus ardent ; tous ont négligé, pour le bien public, des occupations privées et lucratives ; tous ont rempli, dans cette occasion, les devoirs de bons citoyens, ce qui est une forte garantie pour ce qui leur reste à faire.

E.

3.ᵐᵉ Article.

Aux termes de l'article 25 de son réglement, la Société des Amis des Arts, outre les acquisitions de tableaux faites par elle, doit décerner des médailles aux artistes qu'elle a jugé les avoir méritées.

Le conseil municipal lui ayant alloué pour cet objet une somme de six cents francs, la Société distribuera aux artistes, une médaille d'or, onze médailles d'argent et quatorze médailles de bronze ; aux industriels, une médaille d'or, cinq médailles d'argent, trois médailles de bronze, et vingt-sept brevets de mention honorable pour tous ceux d'entr'eux qui méritent cette distinction.

Je ne m'occuperai aujourd'hui que de l'examen des objets d'arts et, pour ne pas revenir sur les tableaux que déjà j'ai passé en revue, je rapellerai seulement ici les noms de leurs auteurs et la récompense que chacun d'eux obtiendra.

Médailles d'argent.

M. *Serrur*, la mort de Mazet, N° 282.
M. *Pingret*, la jeune orpheline, N° 231.
M. *de Noter*, l'hiver, N° 206.
M. *A. X. Le prince*, le marchand de chansons, N° 169.
M. *Jaccober*, tableau de fleurs, N° 146.

Médailles de Bronze.

M. *Pinchon*, les petits mendians, N° 229.
M.ᵉˡˡᵉ *Jenny Legrand*, dessous de porte rustique, N° 166.
M. *Ducorron*, le moulin à l'eau, N° 114.
M. *Beaume*, la marchande de poisson, N° 16.
M. *Toussaint Caron*, la famille indigente, N° 70, gravure d'après feu M. Prud'hon.

Mentions honorables.

M.ᵉˡˡᵉ *Eugénie Pénavère*, lecture d'un roman nouveau, N° 220.
M. *Saint-Aubert*, une perdrix, N° 262.
M. *Berlot*, une chapelle souterraine, N° 25.
M. *Robaut*, paysage à la gouache, N° 246.

La plupart de ces tableaux, déjà décrits dans mes précédents articles, ont été acquis par la Société des Amis des Arts. Ceux sur lesquels il me reste à parler demeurent la propriété des artistes qui les ont exposés.

Les débuts de Talma, N° 107, nous reportent à l'année 1788.

Le Roscius français rentre au foyer sous le costume de Polinice ; Ducis, le poète, vient d'entendre son début ; il court au devant de celui qui devait rendre un jour les beautés d'Hamlet, de Macbeth, d'Otello, et s'écrie joyeusement : *Courage, il y a bien des crimes sur ce front-là...* Raucourt-*Antigone* qui se repose, en attendant sa réplique d'entrée, applaudit au succès du jeune débutant ; Ducis, neveu du poète, encore enfant à cette époque, trace le croquis de la scène qu'il nous a transmise. Le Grand-Prêtre oublie un instant les hauts intérêts du sacerdoce et semble sourire en considérant le dessin du jeune artiste ; OEdipe, rêveur, monte lentement les degrés du foyer, dans lequel l'action se passe.

Ce tableau est joli ; tout est bien travaillé, bien léché, bien poli ; il plaira à la multitude.

Cependant on peut demander à l'artiste quel est le personnage qui doit fixer l'attention ; est-ce Talma ? est-ce Ducis ? ce dernier me paraît être ici le principal sujet, et ce n'est que par son geste que le véritable héros du tableau frappe la vue. Je ne m'appesantirai pas sur l'expression douteuse de ce geste, qui a fait penser à l'un des nombreux spectateurs sans catalogue, qu'un père tendre, irrité de trouver son fils dans un mauvais lieu, lui disait : *Ah coquin, je t'y prends!....* Je ferai observer que la perspective est manquée : le neveu de Ducis connaît sans doute le foyer des acteurs du théâtre français ; il doit savoir qu'il n'est pas tellement grand que les personnages du fond puissent être aussi disproportionnément rapetissés qu'ils semblent l'être dans son tableau. S'il était ainsi que le peintre le suppose, on ne verrait pas le buste qui surmonte la cheminée aussi bien détaillé dans son exécution...... Mais non, la faute de l'artiste n'est pas dans la grandeur du foyer, les personnages accessoires sont réellement trop petits. Le plus éloigné d'entr'eux, le grand-prêtre, n'est placé qu'à neuf pieds au plus de l'action principale et semble, par ses proportions relatives, à plus de cinquante pieds. Je ne dirai rien de l'improbabilité de la vue de la loge du roi, c'est une licence nécessaire pour indiquer en partie le sujet du tableau. Nonobstant le défaut que je viens de signaler, cette jolie composition mérite la médaille d'argent qu'on lui décerne.

Le grand portrait du roi, N° 106, peint par le même artiste ne ressemble pas du tout à S. M. Charles X. Il y a une différence d'âge, avec l'original, de quinze bonnes années au moins. Son manteau n'est ni de drap, ni de satin, ni de velours ; les plis sont lourds et mal disposés. Quel sot usage, en peinture, de nous montrer les rois toujours emmaillotés de ce grand costume traditionnel ; nos yeux sont las de voir de telles tapisseries. Pense-t-on ajouter à la majesté royale en affublant ainsi nos souverains ? Certes ils seraient fort gênés de leur pouvoir s'ils étaient condamnés à ne l'exercer que sous l'énorme poids des inutilités dont on se plaît à les surcharger. Pourquoi ne pas nous les montrer sous leur costume journalier, parés seulement de leurs vertus ? Enfagotez tant qu'il vous plaira les Louis XI , les Charles IX , les Henri III , etc., etc. Mais laissez libres de leurs actions et volontés les Louis XVI, les Louis XVIII, les Charles X.

Ceux qui ont dit :

« *Je recommande à mon fils , s'il avait le malheur de devenir roi , de songer qu'il se doit tout entier au bonheur de ses concitoyens ; qu'il doit oublier toute haine et tout ressentiment, et, notamment, tout ce qui a rapport aux malheurs et aux chagrins que j'éprouve qu'il ne peut faire le bonheur de son peuple qu'en régnant suivant les lois.* »

Testament de Louis XVI.

« *L'impôt sera librement consenti , la liberté publique et individuelle assurée , la liberté de la presse respectée, la liberté des cultes garantie ; les propriétés seront inviolables et sacrées.* » Louis XVIII, déclaration de Saint-Ouen.

« *Plus de division , la paix en France ; je la revois , enfin , et rien n'y est changé ; il n'y a qu'un Français de plus.* »

Le comte d'Artois au gouvernement provisoire , 1814.

« *Le sang d'Henri IV coule dans mes veines , je voudrais avoir ses talens ; mais je suis sûr d'avoir son cœur et son amour pour les Français.* »

Le comte d'Artois au sénat, 1814.

« *Croyez que j'emploierai toute la force que Dieu voudra me laisser encore à contribuer au bonheur d'un peuple que j'aime , et pour lequel je veux vivre et mourir.* »

Charles X aux magistrats de Paris , en 1825.

Ceux-là, dis-je, sans qu'il soit besoin de les entourer du faste des despotes orientaux, obtiendront toujours du peuple, qu'ils ont voulu faire jouir des bienfaits d'un gouvernement constitutionnel, admiration, respect, obéissance et amour.

On a décerné une médaille de bronze au tableau de M. Naigeon, N° 205, *bis*, Oreste et Pylade.

Dans une de ses *lubies*, le digne modèle de l'incomparable don Quichotte de la Manche, Oreste, à la suite d'un combat à outrance livré aux paisibles troupeaux Tauridiens, tombe exténué des efforts qu'il a faits pour vaincre d'aussi terribles ennemis. Les bergers, peu admirateurs de ses brillants exploits, accourent armés de pierres, de bâtons, pour venger les vaincus et punir le vainqueur du sang innocent qu'il a répandu. Tous ont le bras levé, ils vont frapper : mais Pylade, ce type d'une héroïque amitié, qu'on ne voit guère qu'en peinture , s'élance au devant des coups et, armé de sa courte épée, seul il suffit pour paralyser un instant les intentions hostiles de ses adversaires. Profitant du moment de stupeur que ne manque jamais de faire naître un homme d'armes sur la multitude, forte par le nombre mais toujours faible de son peu d'union, il se hâte de leur offrir remboursement du dommage causé par son ami et leur raconte sa maladie; alors, sans doute tout s'arrange et l'on devient les meilleurs amis du monde jusqu'à nouvel ordre. Voilà le sujet traité par M. Naigeon.

La chaîne d'action est composée avec art, chaque personnage s'y rattache, mais tous ne sont pas exécutés d'une manière également satisfaisante. Oreste est marbré d'une couleur bleuâtre; Pylade est bien sur la défensive, son manteau ramassé par le bras gauche indique en lui l'habitude du bouclier; le groupe de bergers est convenablement occupé; le corps d'Oreste n'est pas suffisamment abrité par Pylade; le berger du premier plan a une position forcée : en même temps on voit et son profil complet et son dos entier, ce qui est hors nature. Les menus détails sont par trop négligés. Pourquoi ce ch... noir a-t-il la tête rouge? est-ce parce qu'il reflète la couleur du manteau de Pylade, à l'ombre duquel il est placé? il n'y a pas de reflet possible à l'ombre sur le noir.

En somme, quelques personnes approuvent ce tabl...... le blâment. Sans trancher la question, je le crois supérieur à celui du même auteur qui nous représente Antigone rendant les derniers devoirs à Polynice, N° 205. Antigone est d'une laideur affreuse et tiraillée par les ga... s d'une manière insupportable. Le corps de Polynice semble disloqué par les cheva... , les coins et les cabestans de la très-sainte, très-honorée, très-désirée inquisition.

Vulcain quand
« son papa
» Pour l'lancer sur la place
» D'un coup d'pied queuqu'part l'attrapa, »

était-il aussi monstrueusement conformé que M. Momal nous le représente dans son tableau N° 193? l'histoire ou la fable, ce qui est tout un, grâce à la liberté qu'on a toujours eue d'écrire, dit-elle qu'il lui advint à la jambe, qu'il se cassa dans la chute que le bénin Jupiter lui fit faire, une plaie incurable qui nécessita emplâtres et compresses? Il nous est permis d'en douter jusqu'à preuve contraire. N'imitons pas la gratuite admiration de MM. les commissaires qui mentionnent honorablement cette production vicieuse. Ce qui est laid aux yeux de Jupiter, habitué aux célestes formes des habitans de l'olympe, ne doit pas être ridicule pour les habitans de ce monde de boue. La beauté admirée par les Dieux doit être, aussi, fort au dessus de celle de nos grisettes quelque gentilles qu'elles soient: rien de gracieux, d'aérien, de divin... annonce la m... e des amours. Une ma... informe, sans proportions, voilà le Saint-Elo... du paganisme. Des cyclopes briqu... s, des vapeurs lourdes, des détails négligés, une touche molle et des couleurs ternes... complissent l'œuvre de M. Momal.

L'illusion produite par la chapelle des capucins de M. Granet, N° 138, est complette. Comme la perspective est bien observée ! comme la lumière s'étend géométriquement ! tirez des lignes tant qu'il vous plaira, tous les rayons partent de la fenêtre du fond, ils arrivent où ils doivent aller et, hors ce qu'ils frappent, rien n'est éclairé que par reflet. Et ces bons pères capucins ? Qu'ils sont bien embossés, bien détachés ! Cette belle production démontre un grand talent pour le mécanisme de la peinture, mais en même temps elle me fait craindre que *la folle du logis* du père Mallebranche, ne réside pas dans la tête de l'auteur, ou qu'elle y soit fortement garottée. Qui ne regrettera pas qu'un aussi habile peintre ait consacré ses précieux momens à l'intérieur d'une capucinière ? Eh quoi! M. Granet, notre histoire est-elle donc muette pour vous ? Croyez-vous que le moindre des faits glorieux en tous genres dont elle fourmille n'aurait pas eu autant de force que le troupeau immonde dont vous vous étayez, pour faire gravir à votre tableau la roche escarpée de la postérité ? Vous vouliez des effets de jour sur des costumes uniformes ? Le parlement de Rennes discutant sur le réquisitoire de l'immortel Lachalotais vous offrait une bonne occasion de déployer votre admirable talent. Votre pinceau craignait-il d'échouer en essayant de représenter le noble élan patriotique qui devait animer la physionomie des bienfaiteurs de la France ? Préféreriez-vous à la réunion et au costume de ces honorables magistrats, des figures et des costumes monastiques ? Un conciliabule de jésuites, présidé par le père Varade, ou Jean Guignard, ou tout autre, dans lequel on déciderait que le meilleur des rois que nous ayons à regretter serait assassiné par un Barrière, un Ouin, un Arger, un Ridicovi, un Capucin de Milan, un Vicaire de Saint-Nicolas, un Jean Châtel, un Ravaillac enfin ; qui signait encore de la même main qui avait commis le plus affreux des régicides :

« Que toujours dans mon cœur,
» Jésus soit le vainqueur ! !..... »

Si vous craignez de peindre les vrais amis de votre pays, montrez aux Français leurs ennemis ; ils ont toujours prouvé qu'il ne les craignaient pas.

La capucinade de M. Granet a obtenu le grand prix de peinture de la Société des Amis des Arts : une médaille d'or.

Après ce tableau si bien fait et si peu intéressant, parlerai-je du mouleur, ou plutôt du marchand de figures en plâtre de M. Valin, N° 305, qui a obtenu une mention honorable ? Ah! passons ; passons, peinture molle, fausse lumière, fausse position, fausse expression.

A quelle ville appartient le palais de justice de M. Renoux, N° 249 ? Sa ressemblance avec l'original est sans doute son principal mérite. La lumière est bonne ; la porte de l'enceinte dans laquelle ce monument se trouve a des défauts : la baguette fleuronnée, qui fait l'ornement de son ceintre, grossit au lieu de diminuer en s'éloignant. La petite hotte, les petits légumes, la petite marchande sont naturels; il n'en est pas de même des paysans qui lui sont opposés. Ce tableau a obtenu une médaille de bronze.

Mademoiselle de Noter ! mention très-honorable pour vos fruits, ils sont beaux, mais point appétissants : Vos pêches sont de marbre, vos abricots de terre cuite et la table qui les supporte est trop inclinée.

Le paysage de M. A. L. Le Prince, N° 168, qui n'a qu'une mention pourrait prétendre à plus; il est, je crois, après l'hiver de M. de Noter, le plus joli du salon. Ce rivage, cette lumière sont parfaits; les animaux sont naturels; la charrette est trop longue peut-être et les arbres de gauche sont trop uniformes en couleur, mais les fabriques du fond sont très-gracieuses.

Veut-on voir un joli effet de Kaleïdoscope? qu'on s'approche du paysage de M. Dejonghe, N° 93; qu'on le fixe un instant, et l'on découvrira dans le lointain tout ce qu'on voudra y voir, des clochers, des tours, des châteaux, des fermes, des moulins, etc., etc., qui, d'abord imperceptibles, se détachent du fond et réjouissent le spectateur en l'étonnant par mille petits détails bien exprimés, sans que le devant du tableau en éprouve aucun dommage; sauf l'unité de couleur de la verdure, le premier plan à son tour ne dépare pas le fond. Cependant cette jolie composition n'est que mentionnée !

M. Colin, a conquis une médaille d'argent; son N° 76 nous transporte sur l'une des rives de Dunkerque; il offre à notre vue des pêcheuses, un chasseur, qui ne laissent rien à désirer tant ils sont vrais.

Le naufrage de M. Verboeckhoven, N° 312 (bis), est bien jugé; joli, peint avec délicatesse, mais il n'émeut pas. Mention honorable.

M. Francia, peintre de marine du duc d'Yorck, connaît la mer et son métier. Une touche large et vigoureuse distingue le tableau, N° 126, qu'il intitule Jean-Bart, au lieu de le nommer tout simplement *Marine*; un ciel nébuleux, une mer houleuse fortement exprimée, justifient mieux ce dernier titre que les bambochades torchées qu'il dit être Jean-Bart, et le chevalier Forbin.

Ce peintre a préféré servir ses intérêts et mal raisonner la composition de son tableau en lui appliquant un sujet historique qui n'en ressort pas. Il s'est dit : « Les » bons bourgeois amateurs aiment souvent un tableau, non pour la peinture mais pour » le sujet; que mettrais-je sur cette mer agitée pour émouvoir celui qui la verra? une » barque montée par trois ou quatre individus; j'appellerai l'un d'eux Jean-Bart, un » autre Forbin. Un tel sujet historique réjouira fort les Français, amans passionnés » de la gloire de leur pays, en leur rappelant qu'ils ont battu les Anglais sur mer et » qu'ils pourraient encore les battre, s'ils avaient une marine mieux organisée. » Il eu raison, le nom de Jean-Bart a fait acheter le tableau par les bons Dunkerquois, bien que sans le catalogue et la notice, nul ne se douterait qu'il s'agit de ce héros.

Quelle est cette dame si richement mise, représentée sous le N° 162? C'est mademoiselle Eugénie Lebrun; — Quoi! la fille du duc de Plaisance? — Non, une artiste qui s'est peinte elle-même.— Oh révolution! Voici bien de tes tours; une simple artiste mise comme une duchesse!... — Elle a un beau talent — d'accord, mais quelle vanité scandaleuse!... cependant on a bien fait de lui décerner une médaille d'argent, le portrait de M. B...., N° 161, est d'une vérité frappante; s'il est ressemblant c'est un chef-d'œuvre.

Mentionnez honorablement le portrait de M. Delval N° 99, il le mérite. C'est un de nos compatriotes qui possède deux qualités non toujours inhérentes : il est peintre et propriétaire!

M. Gérard Fontalard a exposé plusieurs cadres d'aquarelles toutes faites avec esprit et facilité; les couleurs sont bien transparentes, bien fondues et les figures bien dessinées. La société fait graver son nom sur une médaille de bronze.

Qui pourrait m'indiquer le mérite de la grande miniature en pied, N° 85, représentant un gros joufflu nommé Icare? Les bras croisés, la figure sans expression, pendant que le sieur Dédale lui sangle des ailes sur les épaules; ne semble-t-il pas un acrobate attendant un tremplin pour faire le saut périlleux? On lui accorde une médaille d'argent; est-ce à cause de ses jambes, de son corps, de la draperie, de la fumée, du paysage? tout cela ne vaut rien. Les deux têtes sont bonnes, mais que disent-elles? Dédale a beau pleurer, je ne vois pas pourquoi. Si M. Darbois veut m'en croire, il coupera les deux têtes qui sont dans son tableau, il les enchassera en médaillon et les mettra au rang des miniatures de MM. Saint-Aubert et Carrière, qui ont obtenu des mentions honorables. Ou bien, si à toute force il lui faut une médaille, il échangera celle qu'on lui destine contre le bronze offert à M. Canon; ce dernier miniateur me semble le plus habile de ceux qui ont exposé; preuve son portrait dans le cadre N° 50, 51 et 52.

Un reproche à MM. les commissaires; ils indiquent pour la médaille de bronze qu'ils décernent à M. Chevalier-Dubrulle, de Douai, *le siège de Calais*, N° 74, fait d'après le très-médiocre tableau de M. Wallez, lorsqu'à deux pas ils avaient le bel Aristodème, N° 75, que cet habile dessinateur a copié d'après la superbe statue de M. Bra, l'un des meilleurs sculpteurs de France, qui, grâce au ciel, quoiqu'on en ait dit, est très-sain d'esprit et tout disposé à reprendre son immortel ciseau. La difficulté vaincue dans ce dernier dessin est bien plus grande que dans le premier. Sauf une veine trop prononcée sur le bras droit de la statue, et le pied gauche qu'il faut deviner, je crois qu'on ne pourrait trouver un défaut dans ce chef-d'œuvre qui imite la belle gravure au burin jusqu'à faire illusion.

Ah! M. Gélée, que votre Chloé, N° 137, est jolie; quelle grace enfantine règne sur son charmant visage; que les contours de son corps sont moëlleux! c'est comme l'original. Mais pourquoi la longueur de son bras et la grosse vilaine main de Daphnis? c'est comme l'original, je le sais, et j'en suis fâché pour M. Hersent. Une médaille de bronze vous est offerte, est-ce assez?

Une mention honorable à M. Moreau, bien qu'il n'ait pas exécuté avec bonheur le tableau de M. Bitter, Henri IV et Sully, qui étaient *les deux meilleurs fous* dont la France ait à s'énorgueillir. Plut au ciel que tous les ministres qui se mêlent des affaires de nos Rois et du peuple le fussent à la manière de ce bon Sully; ce modèle des financiers pensait bien à vendre ses hautes futaies pour son maître, mais aurait-il jamais imaginé le trois pour cent?

M. Duchange, N° 105, s'est essayé sur un des chefs-d'œuvre du roi des peintres d'histoire, l'immortel David; mais comment a-t-il représenté ce chef-d'œuvre? des hommes, des femmes, des enfans, sans formes, gros et lourds, et qui n'ont que la tête de passable, font regretter que M. Duchange n'ait pas choisi un sujet plus simple, plus analogue à son talent; alors, je n'en doute pas, il aurait justifié la mention honorable qui lui est décernée.

La veuve du soldat, N° 175, et les autres dessins à la plume de M. Magnée, ont valu à ce dernier une mention honorable justement méritée. Cet habile artiste a tiré tout le parti possible d'un genre extrêmement difficile à bien traiter et qui, je crois, n'est pas assez apprécié.

Outre la jolie gravure de M. Toussaint-Caron, *la famille indigente*, j'ai remarqué une production du burin doux et pur de M. Gélée; c'est encore Daphnis et Chloé, mais en pied; des inexactitudes de copie l'on fait négliger par MM. les commissaires qui ont mentionné honorablement la Cyparisse de M. Adolphe Caron, N° 65; les formes sèches et anguleuses de cette jeune chasseresse ne me font pas oublier la jolie Chloé. La taille, un peu rude, du burin de M. Adolphe Caron me rappelle le tracé délicat de M. Gélée, pourquoi ce dernier n'a-t-il pas été plus exact?

On m'a dit que les travaux en gravure de M. Ponce étaient fort ingénieux de composition, mais d'une faible exécution; je me souviens d'avoir eu dans les mains sa collection des illustres Français et j'ai porté le même jugement; cependant, je souscris volontiers à la mention honorable qu'on lui décerne, et avec d'autant plus de plaisir que cet artiste employe ses talens à tout ce qui peut vivement intéresser les Français. Il a exposé *la Charte constitutionnelle;* je regrette beaucoup de n'avoir pas vu les jolis ornemens dont il a enrichi ce palladium de nos libertés à l'intégrité duquel nos vœux, nos votes et notre sang doivent être consacrés.

M. Jouvenel père, de Lille, et M. Courtin-Lefranc, de Cambrai, graveurs en taille-douce et en cachets, ont fait preuve de talent. L'un est consommé dans son art, l'autre, encore jeune, pourrait donner quelqu'espoir s'il se livrait exclusivement à la gravure; mais l'horlogerie, qui absorbe presque tout son temps, me fait craindre qu'il ne fasse rien de mieux. La commission a bien apprécié et classé les talens de ces deux artistes en décernant au premier une médaille de bronze et au second une mention honorable.

Qu'allais-je faire? passer sous silence la calligraphie!.... et qu'auraient dit de moi M. le chevalier de Préville et M. Eugène Deloffre, tous deux si amoureux (j'allais dire si vains) de leur art; vite, avant qu'ils se fâchent, admirons leurs ouvrages et prenons un porte-voix pour dire à qui voudra l'entendre que M. le chevalier de Préville aura une médaille de bronze, non pour son arbre généalogique des moines de l'abbaye de Citeaux, mais pour ses cahiers d'écriture; et M. Deloffre, une mention honorable pour tout ce qu'il a peint à main posée et en grand caractère; son écriture fine et ses traits à main levée n'ont pas autant de mérite.

Notre salon est pauvre en sculptures. Quelques bustes seulement ont été envoyés. Le premier, N° 39, celui qui a mérité et obtenu une médaille d'argent, représente Pierre Francqueville, célèbre sculpteur, né dans nos murs, contemporain de Charles IX d'horrible mémoire. Ce buste, exécuté de nos jours par M. Bra, autre sculpteur dont nous sommes fiers d'être compatriotes, est un beau modèle, bien correct, que je regrette ne pas voir acheter par la ville pour l'académie de dessin.

L'ouvrage de patience de M. Parent, N° 212, est admirablement fini. Le bois, sous son ciseau, a cessé d'être bois : il est devenu fleurs, oiseaux, insectes. La délicatesse de ce travail fait infiniment d'honneur à l'artiste, on doit le féliciter d'être père d'une jolie inutilité pour laquelle la société décerne une médaille de bronze.

Une grande incohérence dans la distribution des mentions honorables : MM. Caunois et Cramette sont sur la même ligne, et cependant, quelle différence de talens, chacun en leur genre! l'Horace Vernet de M. Caunois, N° 72, sans être une production remarquable, vaut bien la mention; mais le bas-relief de M. Cramette représentant Saint-Vincent de Paule, le père, le sauveur des orphelins, que peut-il valoir? Un si beau sujet à traiter doit donner du talent à celui qui l'entreprend; si la main est inhabile à conduire l'ébauchoir, l'imagination doit savoir créer et composer l'action; mais ici, rien; des masses en rondes bosses mal drapées, en opposition à de simples traits de bas-relief mal conduits, voilà l'œuvre de M. Cramette!

Sauf quelques fourvoiemens que j'ai signalés, je crois qu'en général MM. les commissaires ont rempli leur mission aussi-bien qu'on peut le faire; ils ne sont pas non plus infaillibles. Les artistes qu'ils ont négligés dans leurs choix et ceux que ma critique aura pu atteindre, ne devront pas prendre la chose au sérieux, jusquà nous priver de leurs ouvrages aux expositions à venir; lorsqu'ils se représenteront, ils seront certainement bien reçus et peut-être récompensés. Ceux au contraire qui, plus heureux, ont obtenu des médailles, des mentions ou des éloges, ne devront pas laisser dormir leurs pinceaux, ils redoubleront d'efforts pour conserver leur rang et aussi pour cueillir de nouveaux et plus beaux lauriers. Tous enfin, nous l'espérons, rentreront dans la lice avec cette noble ardeur qui doit enflammer les amans de la gloire ; aucun ne manquera au rendez-vous que nous leur donnons à l'exposition prochaine, celle du 15 août 1828.

E.

Industrie.

Si les Arts font la gloire des peuples, c'est à l'Industrie qu'ils doivent leur prospérité : aussi nous occuperons-nous de cette partie de notre exposition publique, persuadés que nos concitoyens ne liront pas sans intérêt quelques détails sur les progrès industriels de notre pays et principalement de notre arrondissement.

Nous le disons à regret, l'exposition de cette année qui pouvait présenter une concurrence de nombreux et brillants produits indigènes sous le rapport des tissus, ne contient guères que le travail d'une seule fabrique, d'un seul ouvrier dans chaque genre. Si nous avons quelques productions distinguées, nous les devons pour ainsi dire au hasard, puisqu'aucune invitation, aucun avertissement particuliers n'avaient été adressés aux maisons qui s'occupent de ce genre de spéculation : cependant, à côté de ces cachemires qui rivalisent avec les produits si renommés de la maison Lagorce, nous eussions dû montrer avec orgueil aux étrangers, à nos compatriotes même, qui en ignorent l'existence, les produits de plusieurs autres manufactures ; étaler à leurs yeux ces écharpes et ces tissus de soie aussi brillants que légers, qui, chose étonnante, passent sans autre préparation des chaumières de nos campagnes où ils sont fabriqués, dans les magasins somptueux de la rue Vivienne, et vont dans les cours et les capitales étrangères, faire admirer le bon goût des Français : ces mérinos, dont la finesse et la beauté ont acquis chez nous la plus étonnante perfection : ces gazes, ces tulles et une foule d'autres tissus, qui, non moins intéressants que notre inimitable batiste, sont pour nos contrées une source féconde de prospérité. Pourquoi faut-il, qu'en parlant de la batiste, nous éprouvions un sentiment pénible ! cependant n'est-ce pas à la préparation du lin que plusieurs de nos communes doivent leur insalubrité ? une idée philantropique était digne de fixer l'attention de MM. les commissaires ; c'eut été de réunir dans notre salon plusieurs de ces ingénieuses machines destinées à remplacer le rouissage dans les fossés, source de tant de maladies : présenter ces machines à nos compatriotes eut été un premier pas pour détruire le préjugé qui les repousse, et quelque heureuse tentative eut été peut-être le résultat de leur exposition chez nous. En parlant des tissus, pouvons-nous oublier les machines à filer et les Arts mécaniques qui les ont enfantées et qui chaque jour les perfectionnent ? A Lille, à St.-Quentin, à Douai, d'habiles constructeurs accroissent tous les jours leur réputation ; mais les produits seuls des métiers qu'ils construisent peuvent nous les faire juger, puisque ces métiers ne sont pas de nature à être présentés dans une exposition : il fut un temps où l'on regardait les cotons du N° 150 comme une conquête à faire sur l'Angleterre, et nous trouvons des fils de ce numéro, fabriqués, avec une rare perfection, dans notre ville même, lorsque l'existence des métiers qui les produisent n'y était pas même soupçonnée : nous rencontrons la même perfection au Câteau, dans les métiers qui filent le mérinos ; perfection entièrement due aux veilles et aux connaissances des personnes qui dirigent d'une manière aussi distinguée cette manufacture qui occupe déjà 4000 ouvriers, tant à l'intérieur de l'établissement que dans les environs ; et qui, selon toute apparence, va doubler incessamment ce nombre.

Peut-être devrions-nous borner ici nos observations préliminaires sur cette partie de l'exposition, puisque ce sont encore des regrets que nous allons exprimer. L'agriculture est aussi une industrie ; et une industrie bien précieuse pour ce pays qui peut offrir tant de bons modèles au cultivateur en grand : pourquoi donc ne pas imiter un moment l'exemple donné par le trône ? pourquoi ne pas se conformer aux principes de la ferme modèle de Roville, dans laquelle on s'occupe de perfectionner les instrumens aratoires ? il fallait offrir à l'expérience et aux méditations de nos habiles cultivateurs, ces charrues, ces hache-paille, ces batteurs, etc., cette foule enfin d'inventions nouvelles, toutes relatives à cette honorable profession ! C'est un oubli très-grave, sans doute, pour notre pays : espérons que la prochaine exposition ne méritera plus ce reproche ; sans négliger les Beaux-Arts, on n'oubliera plus que sous le rapport de l'Industrie, du Commerce et de l'Agriculture, ce département ne le cède à aucun autre, et que notre arrondissement y occupe la place la plus honorable.

N° 367 bis. — *Cachemires et Gazes.*

Si nous avions besoin de preuves nouvelles de la supériorité de notre Industrie sur celle des autres peuples, nous en trouverions une bien éclatante dans le N° 367 *bis* de notre exposition. Ce tableau, fabriqué par M. Jourdan, fixé aujourd'hui à Troisvilles, mérite sans contredit la première place entre les divers objets exposés. Il nous présente une grande difficulté vaincue avec un rare bonheur. Sur une seule chaîne, l'habile artiste a su réunir les tissus de qualités, de couleurs, de dessins les plus divers et il a su les exécuter avec une grande perfection. Sans rien perdre de son élégance et de sa richesse, le cachemire y est à côté de la gaze brillante et légère, le goût le plus pur ne trouve rien à reprocher au choix des dessins, à la distribution des couleurs. Enfin tout concourt à faire du tableau de M. Jourdan une œuvre parfaite en son genre.

Voilà cependant un beau titre de gloire pour notre arrondissement dont nous ne nous doutions pas il y a quelques jours. C'est ainsi que nous laissons recueillir par des cités rivales toute la gloire de l'Industrie française, tandis que nous pourrions la leur disputer avec avantage ; mais nos richesses, nous les laissons enfouies ; et lorsque des hommes étrangers à notre arrondissement viennent nous rendre le service d'explorer ce qui était perdu pour nous, d'utiliser les talens que nous laissions oisifs, c'est encore le hasard seul qui doit nous apprendre que nous leur devons de la reconnaissance. Mais enfin nous avons maintenant un remède pour prévenir cet inconvénient; trop long-temps on s'est glorifié des travaux de nos fabricans, il est temps qu'à leur tour ils jouissent un peu de leur gloire.

Nous ne répéterons pas ici les reproches que nous avons déjà faits à MM. les commissaires de n'avoir pas pris les mesures nécessaires pour que tous nos industriels pussent participer à notre exposition. Mais comment à la vue de ce beau travail de M. Jourdan, ne regretterions-nous pas qu'il n'y ait pas joint d'autres produits de sa manufacture : c'est lui qui fournit les nouveautés à la maison Pouilli de Paris. Combien notre exposition aurait gagné à être enrichie de ces étoffes admirables auxquelles Lyon avait donné son nom et dont elle n'aura bientôt plus le monopole, grâce à nos fabricans. Espérons que dans deux ans nous serons plus heureux et que nos éloges ne seront plus mêlés de regrets.

Châles de Cachemire.

Paris a toujours eu le privilège de servir de modèle à la province ; de là un défaut aussi nuisible que ridicule chez les provinciaux, celui de ne trouver beau et bon que ce qui vient de Paris, que ce qui est fait à Paris. Distraits par leur *engouement* pour la capitale, ce n'est plus le mérite des choses qui les éclaire dans leur jugement, c'est l'opinion des Parisiens qui les aveugle. Ils ne font pas attention que leur injuste dédain peut décourager de généreux efforts, glacer de belles, de nobles inspirations; pourvu qu'ils suivent la mode, qu'ils se conforment au goût de la ville par excellence, ils sont satisfaits, ils n'ont pas besoin d'être justes.

Nous avons eu un singulier exemple de cette manie à l'arrivée à Cambrai des châles de M. Jourdan jeune, frère du précédent. Heureusement cette fois il n'en est résulté qu'un peu de rougeur sur le front de ceux qui y sont tombés. Des cachemires fabriqués à notre insu dans nos environs ne pouvaient arriver chez nous que précédés d'une bien mince réputation; ils ne pouvaient trouver qu'une prévention défavorable, eussent-ils été parfaitement semblables aux riches produits de l'Inde, eussent-ils été capables de figurer avec honneur dans les magasins du Diable boiteux, de la Vestale, du Masque de fer et de tant d'autres qui sont l'orgueil de la capitale, il suffisait qu'ils n'eussent pas reçu de Paris l'approbation indispensable pour qu'ils fussent mal reçus. Aussi MM. les connaisseurs de la ville trouvèrent-ils bien des choses à reprendre à ceux de M. Jourdan. Aux yeux des uns, la bordure était trop pâle ; les autres lui reprochaient de paraître et même d'être cousue aux châles; ceux-ci trouvaient les dessins brouillés d'une manière peu supportable. Ceux-là ne pouvaient passer la chaîne en soie qui termine la bordure et forme l'encadrement. Un bien petit nombre, plus prudent, se contentait d'admirer. Ce que l'on reprochait aux produits de ces ateliers est justement ce qui en fait le mérite, ce qui les fait approcher le plus des véritables cachemires de l'Inde, qui doivent toujours servir de types aux imitateurs. Si la bordure est pâle, si elle paraît cousue au reste de l'étoffe, c'est par un rafinement de l'art; rafinement dispendieux pour les fabricans, puisque pour l'obtenir il faut que trois ouvriers tissent ensemble au même métier, tandis qu'un seul suffirait sans cela; si les dessins paraissent brouillés, c'est que tous les efforts de l'artiste tendent à cela, parce que dans l'Inde ces dessins sont faits à la main et ne peuvent avoir la régularité que leur donne la navette. Enfin la chaîne en soie existe également dans les véritables cachemires et a pour objet de les rendre plus solides. Tous ces prétendus défauts étaient donc autant de qualités que les vrais connaisseurs recherchent et qui toutes augmentent les difficultés du tissage.

Souhaitons que cette leçon nous serve à tous tant que nous sommes. Puissions-nous ne plus nous laisser aveugler, mais priser les bonnes choses de quelque part qu'elles viennent et surtout si elles se trouvent à notre porte.

M. Jourdan jeune a exposé plusieurs châles parmi lesquels on a principalement admiré le noir à trois palmes. Un autre, blanc, sans galeries, a été peu remarqué et cependant les dessins en étaient plus parfaits et imitaient mieux le travail de l'Inde.

Nous ne pouvons mieux terminer les éloges que nous avons donnés à MM. Jourdan aîné et jeune, qu'en engageant nos dames à faire chez eux leurs emplettes. Qu'elles se *résignent* à faire de bons marchés et qu'elles se persuadent bien qu'elles n'échapperont pas, quoiqu'elles fassent, aux produits de notre arrondissement. Si elles les dédaignent ici, elles les retrouveront, sans qu'elles s'en doutent, à Paris où seulement elles les payeront plus chers.

Nos 319, 320, 336. — *Batistes et Linons.*

Je me suis fort étendu sur ces deux premiers articles parce qu'ils sont une Industrie toute nouvelle dans le pays. Il n'en est pas de même de celui des batistes. Sans doute la pièce de Mme Ve Delaunoy et Piot, celle de M. Cattelain-Lemaire, ne laissent rien à désirer sous le rapport de la finesse, mais il leur manque beaucoup quant à la régularité. Celle de M. Ménard, au contraire, moins fine, est d'une exécution plus égale, et il y aurait de l'injustice à ne pas accorder des éloges à l'artiste qui a sû en assortir aussi bien les fils. Du reste nous devions attendre plus de perfection dans une branche si importante et si ancienne de notre Industrie. M. Cattelain a également exposé une pièce de linons dont la beauté est digne de remarque.

N° 334. — *Jaconat.*

Mme Delaunoy et Piot, outre leur pièce de batiste dont nous avons déjà parlé, ont offert aux regards du public une pièce de coton dite *jaconat*. Cette espèce de tissus, bien qu'il fût fabriqué dans l'arrondissement ne l'était pas pour le compte des négocians de Cambrai. Mme Delannoy a le double mérite d'être la première qui ait fait honneur de ce genre de travail à nos compatriotes et de l'avoir perfectionné en finesse au point que si l'on est parvenu à l'égaler nul ne l'a surpassée.

N° 335. — *Tissus de Coton.*

Nous devons enfin complimenter cette maison pour son étoffe de coton imitant le mérinos. Cette louange, nous la lui donnons d'autant plus volontiers que la ressemblance est parfaite; il est seulement à regretter que l'on n'ait pas encore trouvé le moyen de fixer solidement la couleur noire sur le coton.

N° 349. — *Dentelle.*

La dentelle de Mme Dubrulle, montre dans l'artiste une grande dextérité d'exécution, mais fort peu de goût dans le choix des dessins. Ses échantillons de Valenciennes méritent beaucoup d'éloges.

N° 401. — *Courte-pointes à nœuds.*

MM. Souron et Lejeune-Jacquart, tous deux de Lille, ont enrichi la France d'une industrie nouvelle en important les courte-pointes à nœuds; ils méritent donc tous deux nos remercîmens; mais M. Souron aura une plus grande part dans nos louanges parce que son tissu nous paraît plus régulier.

N°[s] 317, 303. — *Cotons filés.*

Sous le N° 317 du catalogue, un bien bel échantillon de coton filé, N° 150, a été mis sous nos yeux par M. Casiez-Déhollain. Nous ignorons si c'est un essai qu'a fait cet habile filateur, ou, ce qui serait bien à désirer, s'il peut livrer régulièrement ce numéro au commerce. Un fil d'une pareille finesse employé par nos fabricans ne pourrait certainement qu'augmenter leur bonne réputation en perfectionnant encore leurs tissus. Ajoutons que bien peu de fileurs français sont parvenus à donner à leurs produits ce degré de perfection.

Ceux de MM. Hauterive-Cauvin et P. Minard de Douai, N° 303, ne vont pas aussi loin pour la finesse et cependant ils ont bien aussi leur mérite. D'ailleurs les progrès rapides que leur filature a faits depuis son établissement assez récent, doivent donner le plus grand espoir pour l'avenir.

N° 396. — *Lins et Cotons teints.*

La manière dont MM. Pedro-Cuvelier, Bonnel et Dubus de Lille savent teindre le lin et les cotons a été admirée de tout le monde.

314. — *Etaux.*

Il y a peu de temps encore que la généralité des étaux, dont le commerce français avait besoin, venait de l'étranger. Les fers étant en France beaucoup plus chers qu'ils ne le sont en Belgique, en Allemagne, en Angleterre, et cela à cause de l'énormité du droit d'entrée sur les fers et les fontes, il nous est impossible (pour le moment du moins) d'exporter les produits de ce genre ; mais c'est quelque chose de ne plus les recevoir et de s'être mis en mesure de les fournir aux autres nations, lorsque l'on croira pouvoir abandonner ce système de douane qui protège aussi singulièrement nos maîtres de forges en pesant sur l'Industrie si répandue des fers manufacturés que l'on réduit ainsi à notre unique consommation.

N° 315. — *Outils aciérés avec de l'acier fondu pur.*

Si nous considérons cette découverte sous le rapport de l'impossibilité présumée jusqu'à ce jour de souder l'acier fondu, nous y attacherons peu d'importance puisque l'on fait aujourd'hui de l'acier fondu soudable, un peu plus cher, il est vrai, mais dont la différence de prix ne suffirait pas pour en empêcher l'emploi ; il existe une autre considération, c'est que pour donner à l'acier fondu la propriété de s'unir facilement au fer il faut le priver d'un excès de carbonne qu'il contient lorsque ce n'est qu'à sa présence qu'il doit cette extrême dureté qui le rend si précieux dans les arts. De toutes manières, c'est à l'union de cet acier avec le fer, opération qui pour les outils de charpentier, menuisier, ébéniste, tourneur, etc., demande encore des recherches, que l'on devra de pouvoir mettre dans les mains des ouvriers des outils bien supérieurs à ceux que l'on emploie, tandis que d'un autre côté ils seront moins casuels, moins chers, et aussi résistants que ceux d'acier fondu pur, qui, en raison du prix élevé de ce métal, ne peuvent être que d'un emploi très-rare.

En citant ici le nom de Monseigneur de Belmas, nous craindrions de blesser la modestie de cet excellent prélat, si M. Arnoux n'avait fait connaître que c'est à ses conseils qu'il doit le procédé qu'il emploie ; honneur soit rendu à celui qui nous offre un modèle de vertus et de tolérance, occupe ses loisirs à la culture des Arts et enrichit l'Industrie de découvertes utiles.

N°s 316, 364. — *Reliûres.*

Deux Volumes in-folio, reliés avec luxe. Reliûre qui n'est certainement pas sans mérite ; cet art n'était cultivé jusqu'à ce jour avec succès que dans la capitale ; nous aimons à le voir se propager en province, et l'ouvrage de M. Bétremieux, de Douai, nous laisse tout espoir : mais après avoir vaincu les difficultés, il convient de chercher à plaire, aussi eussions-nous vu avec plaisir à côté de ces beaux in-folio, quelques reliûres à la Bradel, dont la fraîcheur et l'élégance justifient la vogue.

M. Charles Hurez, de Cambrai, a présenté quelques heureux essais en reliûre, nous ne pouvons que l'engager à persévérer.

N° 326. — *Statues en matière Marbre.*

L'expérience ou des essais chimiques pourraient seuls nous mettre à portée de parler avec connaissance des ouvrages en matière marbre de M. Dedreux; nous avons entendu dire que cette composition offrait la plus grande résistance aux injures du temps, et la médaille que cet architecte a obtenue en 1823, à Paris, est une garantie qu'il peut offrir aux amateurs.

N° 339. — *Une Corbeille de fleurs brodée en chenille sur satin blanc.*

Beaucoup de dames, juges naturels de l'ouvrage de madame Desforges, ont rendu à son tableau de fleurs un tribut d'éloges mérités; toutes ses fleurs sont d'un dessin correct, les couleurs en sont tour-à-tour franches et bien fondues, difficultés réelles que présente ce genre de travail.

N°s 313, 347, 348, 349. — *Orfèvrerie.*

Abstraction faite de la valeur positive de la lyre de M. Adam, son seul mérite sera sans doute de couronner de beaux vers.

M. Dubois, de Cambrai, a exposé divers articles d'orfèvrerie qui, pour le travail, laissent bien peu à désirer; nous pourrons donc désormais nous procurer ces objets sans recourir à Paris. Dans son intérêt, nous engageons M. Dubois à conserver l'habitude de bien faire, à ne pas prodiguer les mattes qui donnent un aspect lourd lorsqu'ils sont multipliés, tandis qu'ils contribuent à l'élégance des formes lorsqu'ils sont employés avec discernement. Nous lui recommandons encore d'apporter toute son attention au choix des modèles et de se persuader que les formes simples et élégantes seront toujours de mode.

N°s 350, 351. — *Rubans de Carde.*

Quelques personnes avaient d'abord pensé que ces cardes avaient été entièrement faites à la machine, mais cette invention est trop nouvelle pour produire la perfection qu'on a pu remarquer dans les rubans et les plaques de M. Estelin-Villette et compagnie, de Lille.

N° 352. — *Pompe à Incendie.*

Les efforts de M. Gancel, de Cambrai, pour perfectionner les pompes à incendie sont dignes des plus grands éloges; ce mécanicien n'a épargné ni veilles, ni sacrifices; quelques efforts encore et il atteindra le but louable qu'il s'est proposé. L'application du parallellogramme est une immense amélioration pour les pompes à deux corps dont l'usage est généralement répandu; et l'idée du double effet, convenablement appliqué à une pompe à un seul corps, peut le conduire aux plus heureux résultats.

Quelque bien organisé que paraisse le service des pompes, il laisse beaucoup à désirer pour leur approvisionnement; le transport des échelles, crochets, outils, sceaux, etc., toutes choses qui devraient être placées sur des vans et fourgons, de manière à ce qu'en cas d'incendie ce dépôt, transporté sans désordre sur la place la plus voisine et commis à la garde d'un sous-officier, fut disponible au moment du besoin. Nous engageons M. Gancel à réfléchir sur cette observation qui n'échappera sans doute pas au zèle du chef de la compagnie des pompiers de cette ville.

N°s 358 à 362. — *Tableaux en Velours chiné.*

Il faut être convaincu que les tableaux en velours de M. Grégoire, de Paris, sont chinés; nous pensons qu'il est difficile de surpasser l'art que l'on a admiré dans le tableau de la vierge à la chaise, ouvrage qui imite la peinture à s'y méprendre.

N° 367.

Nous avons pu voir, dans les premiers jours de l'ouverture du salon, un lutrin en fer destiné à l'église de Saint-Sulpice : M. Félix Hurez, notre compatriote, auteur de ce travail, est à une excellente école, si nous en jugeons par la clef qu'a exposé M. Vauquelin son maître et qui a été trop-tôt enlevée à l'admiration des connaisseurs.

N° 397.

M. Noreux a déployé beaucoup de talent dans la composition de sa perruque implantée : mais ici encore, nous regrettons bien vivement que la concurrence ne soit pas venue éclairer notre jugement. Le bel art des Richard-Caron, des Albin, des Armand et de tant d'autres qui font de Paris la vraie capitale du monde civilisé méritait bien d'occuper plus de place à notre exposition. Pourquoi ceux qui dans notre ville sont regardés comme les dignes émules de M. Noreux, ne sont-ils pas descendus dans la lice? ne se sentaient-ils pas la force de lutter avec lui? Voilà cependant le malheur attaché à une grande supériorité; on n'a plus de rivaux, et les lauriers que l'on cueille sont presque sans gloire parce qu'ils n'ont pas été disputés.

Mais M. Noreux, si la perfection de vos perruques a glacé d'épouvante ceux qui chez nous pouvaient vous disputer la palme, il est une concurrence plus digne de vous à laquelle vous pourrez prendre part; lorsque l'exposition nationale aura lieu, les galeries du Louvre vous seront ouvertes et votre réputation circonscrite aujourd'hui, aux murs de notre ville pourra devenir européenne.

N°s 369 à 374.

Mme H. Lamotte, qui fabrique des tissus à Wazemmes-lez-Lille, paraît marcher à grands pas vers la perfection que l'on admire dans les tapis de quelques magasins de la rue du Roule, de la rue Mont-Martre et autres. L'usage prodigieux que l'on fait de ces sortes de tapis, rend cette industrie précieuse pour notre département ; et, entre les mains de Mme Delamotte, elle ne peut faire que d'heureux progrès.

N° 375.

M. Landremont de Lille. Pont militaire ; idée ingénieuse, mais inexécutable telle qu'elle est.

N° 376.

Modèle de Maison incombustible. M. Landremont ne fait sans doute pas partie des compagnies d'assurances contre l'incendie, il paraît leur déclarer la guerre ; nous croyons pouvoir les rassurer, car le projet très-dispendieux de M. Landremont demande encore quelques méditations.

N.ºs 380 à 389.

Quoique nous n'ayons pas goûté de la cuisine de M. Lamare, nous ne doutons pas de l'excellence de ses mets. Nous pensons cependant qu'il ferait bien de joindre une cuisinière entendue à chacun de ses assortimens. On ne peut du reste lui contester une économie immense de temps et de combustible.

N° 390.

Le chapiteau en plâtre de M. Paul Lefebvre fait preuve d'adresse et de dispositions d'autant plus heureuses que c'est en grande partie à lui-même qu'il doit son talent. Il serait à désirer qu'il fut dans une ville où il put l'exercer davantage.

N° 391.

S'il est vrai que les tuiles de M. Lorgnier de Boulogne-sur-Mer puissent revenir au même prix que les pannes, les avantages qu'elles présentent par leur forme sont sans doute bien propres à faire revenir les habitans de nos campagnes de la manière de couvrir en paille ; car l'emploi de ces tuiles présentant les mêmes propriétés pour la conservation des grains, ne coûterait que le double des toits en paille et serait susceptible d'une durée incomparablement plus grande. N'est-il pas inutile après cela de parler d'un danger qui frappe tous les esprits, la facilité que présentent les toits de paille à la communication des incendies.

***

IMPRIMÉ CHEZ A. F. DUREZ, A CAMBRAI (NORD.)

La Marchande de Poissons

Chapelle Souterraine.

Un homme conduisant un âne.

Restes d'un ancien Château.

Moulin à L'eau.

Fleurs

Le Château de Walsin.

Dessous de Porte Rustique.

Venus et Vulcain.

L'hiver.

La Lecture du Roman Nouveau

La Mort d'une Orpheline.

Palais de Justice.

La Mort de Mazet.

S.t Aubert, del.   Valentin, Pinx.t   Lith. chez M. F. Hurez, à Cambrai

Intérieur d'un Village.

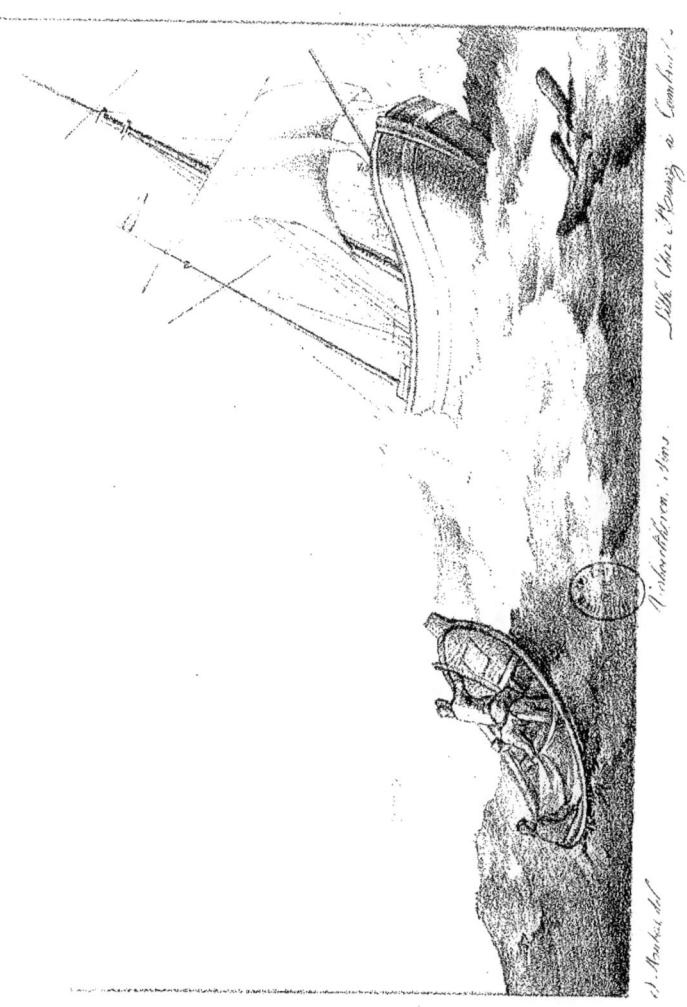

www.ingramcontent.com/pod-product-compliance
Lightning Source LLC
LaVergne TN
LVHW021006090426
835512LV00009B/2111